conversio est via, via
qua silentium
eloquitur
ubi auscultas
et audis

I0149065

1

l'inverse est le chemin
mon silence s'exprime
quand tu ecoutes
et que tu entends

wisseling is de wijze
mijn stilte spreekt
als je luistert
en je hoort

azhegiiweyaan
mii keyaa
noondaagoziyaan
giishpin bizindaman
miinawaa noondaman

היפוך הוא הדרך
שתיקתי מדברת
כאשר אתה שומע
ומקשיב

مع الأضداد
يتكلم صمتي
عندما تستمعُ
وتسمعُ

REVERSAL IS THE WAY
MY SILENCE SPEAKS
WHEN YOU LISTEN
... YOU HEAR

reversal is the way
my silence speaks
when you listen
and you hear

El sendero va al revez
mi silencio habla
cuando escuchas
y oyes

la inversión es el camino
mi silencio habla
cuando escuchas
y oyes

la inversió és el camí
el meu silenci parla
quan escoltes
i sents

Kontrako aldea da bidea
Nire isiltasuna mintzatzen da
Zuk entzuten duzunean
eta aditzen duzunean

reverso é a forma através da qual
o meu silencio se expressa
quando o ouves
e escutas

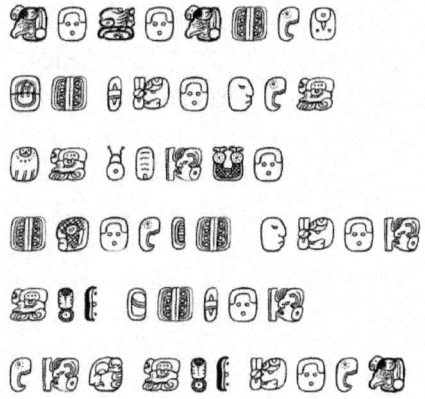

O reverso é o caminho
pelo qual meu silêncio fala
quando você ouve
e escuta

裏返しに話をする
私の静寂
耳を澄ますと
聞こえてくる

反尔唯正道
默然为吾语
聆耳听
必相闻

Эсрэгээр өөрчлөх нь арга зам юм
Миний нам гүм байдал ярьж байхад
чи чагнан
сонсож байдаг

बिपरित नै हो तरिका
मेरो मौनता बोल्दछ
जब तिमिले सुन्छौं
अनी तिमीले बुझ्छौं

ᎠᏓᏁᏟᏴᏍᎬᎢ ᎾᏍᎩ
ᎠᏴ ᎡᏝᏪ ᏕᏬᏂᏒ
ᏌᏣᏅᏓᏍᏗ
ᎠᎴ ᏯᏅᎬᏕ

.-. . .-- . .-. ... . -.. / .. ... / - .... . / .-- .- -.--

-- -.-- / ....-. -. ... . / .... .-. .. .- -.- ...

.-- .... . -. / -.-- --- ..- / .-.. .. ... - . -.

.- -. -.. / -.-- --- ..- / .... . .- .-.

gwrthdroi yw'r ffordd
y llefara fy nhawelwch
wrth ichi wrando
ac wrth ichi glywed

reversal is the way
silence speaks
when you listen
and you hear

aisiompú is é an slí
cainteann mo chiúineas
nuair éisteann tú
is cloiseann tú

bu tuathalachd an dòigh
a labhras mo shàmhchar
nuair a dh'éisdeas tu
is a chluinneas

modsat er vejen
min stilhed taler
når du lytter
og du hører

Umkehr ist der Weg
meine Stille spricht
wenn Du zuhörst
und hörst

andstæða er leiðin
þögn mín talar
þegar þú hlustar
og þú heyrir

muutos on keino
hiljaisuuteni puhua
kun kuuntelet
ja kuulet

on pöördumises tee
mu vaikus kõneleb
kui kuulad
kuuldes

i motsats riktning
min tystnad talar
när du lyssnar
och du hör

omgjøring er veien
min stillhet forteller
når du lytter
og du hører

To see the poem in American Sign Language:
www.jonwelsh.org/books/reversal

αντίστροφος είναι ο τρόπος
που η σιωπή μου μιλάει
όταν αφουγκράζεσαι
κι ακούς

tersini yapmak yoldur
benim sessizliğimin
konuşmak için izlediği
siz dinlediğiniz
ve işittiğinizde

پێچەوانە شێوازێکە
کە بێدەنگیمی پێ دەدوێت
کاتێک کە گوێبیستی
تۆش دەیبیستی

ا ست ک ردن معـ کوس شـراه

زذدمی حرف من سـ کوت

ک نی گ وش اگ ر

شد نوی می

ᑭᐳᖳᑎᖕᒪᔪᒍ   ᐊᕐᖁᑕᐅᖅ
ᓂᐱᖅᖢᒦᓂᕐ   ᓂᖕᑕᐊᒡᑎᒥᕐᐸᕐ
ᒡᖁᖅᐊ
ᑐᐳᑎ

tofa feliuliua'i le ala
e fa'amatala ai lo'u le gagana
a e fa'alogo
ma e lagona

ang kabaligtaran ang paraan
ang aking katahimikan ay nangungusap
kapag ika'y nakinig
at iyong napakinggan

pagsaliwa ay ang paraan
ng aking katahimika'y nagsasalita
kapag ika'y nakinig
at iyong narinig

내가 침묵하는 것은
당신이 듣고 응할 때
바꾸어서 생각하라는
말입니다

inverso estas la vojo
per kiu parolas mia silento
kiam vi aŭskultas
kaj vi aŭdas

reversal is the way
my silence speaks
when you listen
and you hear

மாற்றம்தான் வழி
பேசுகிறது என் மௌனம்
நீ கவனிக்கும்போது
நீ கேட்கும்போதும்

Berbalik itulah adalah jalannya
diamku berkata
ketika kau mendengarkan
dan kau mendengar

বৈপরীত্যের পথে
কথা বলে আমার মৌনতা
তোমার শ্রবণে
তোমার শ্রুতিতে

jalanku yang bertentangan
diamku berkata-kata
bila kau dengari
dan kau amati

hoán đổi sẽ dẫn đường
cho thinh lặng lên tiếng
khi ta mở lòng
và lắng nghe

reversal is the way
my silence speaks
when you listen
and you hear

พลิกกลับครั้นนั่นคือทาง
ความสงัดเงียบข้าบรรยาย
คราเจ้าสดับรับฟังเสียง
แลคราวเจ้าได้ยินเอย

ការត្រឡប់ក្រោយវិញវាគឺជាមធ្យោ បាយមួយ

ការនិយាយក្នុងចិត្តរបស់ខ្ញុំជាញឹកញាប់

នៅពេលអ្នកស្ងាប់

ហើយអ្នកឈ្ងញ

okuphambene kuyiyo indlela
ukuthula kwami kuyakhuluma
uma ulalela
futhi uzwa

teenstelling is die wegwyser
waarmee my innerlike spreek
wanneer jy luister
en jy hoor

mabadiliko ni njia
ukimya wangu anaongea
wakati kusikiliza
na kusikia

ō⍭ ʌ̄ϖ∇ Ī⍰ϘϬ IΔ⊔Ч

⊔̄ϖ∇ Ȳϖ ⊔̣ЧĪΔ

Ω̄⍭IΔY⍭⍦ Y İF Y

ʌ̣̄ΔI⍭ Ī'ϖ Y

Nan lanvè a se
chimen an
silans mwen pale
lè ou koute
epi ou tande

Tubta waa noqosho
Hadal la'aantayda waa hadal
Markaad dhagaysato
Aadna maqashid

ገልብጦ ማየት ነው መንገዱ

ዝምታዬ ይናገራል

ስታደምጥና

ስትሰማ

रेवेर्सल इस थे वे
माय सिलेंस स्पेअक्स
व्हेन यू लिस्टें
एंड यू हेअर

بیا راتگ لاره ده
زما چوپتیا خبري کوي
کله چې ته غور ونیسې
او واورې

وے تہے اس رور سل
س پ یکس س یلذ نکے می
ل س ڈ یں ی و وہ یں
ہ یر ی و اذ د

reversal is the way
silence speaks
when you listen
and you hear

પાછાં પગલાં ભરવાં એ
માર્ગ છે આગળ વધવાનો
મારું મૌન ઉચ્ચારે છે
જો સાંભળો અને સમજો

ijeshkawin mii wedii
nibekadawin animwemagan
apiich nâdôtaman
ashidj ginôdân

l'inverso e' la via
il mio silenzio parla
quando ascolti
e senti

Спротивното е начин на
Кој мојата тишина говори
кога ти слушаш
кога ќе чуеш

preobrat je pot
moj molk spregovori
če poslušaš
in slišiš

հակառակումն է ուղին
որ խոսում է լռությունս
երբ ունկնդրում ես դու
եւ լսում ես

promjena je način
kojim se moja tišina obraća
kad je slušate
i čujete

promjena je put
moja tišina govori
kada slušaš
i čuješ

повратак је пут којим
моја тишина говори
када ти слушаш
и чујеш

povratak je put kojim
moja tišina govori
kada ti slušaš
i čuješ

разворот – это тоже путь –
говорит мое молчание,
когда ты внемлешь
и слышишь

lurgh yIchoHchu'
jIjatlh jItamtaHvIS
bI'IjDI' 'ej
bIQoyDI'

უკუქცევა არის გზა
სიჩუმის ენით საუბრის
როცა მისმენ და გესმის

зміни – це шлях
яким говорить моя тиша
коли ви слухаєте
і ви чуєте

wending is de weg
waar mijn stilte praat
als je luistert
en verstaat

atvirkščias yra tas kelias
kuriame mano tyla kalba
kai tu klausai
ir tu girdi

kundërtia është rruga
heshtja ime flet
kur ti vë vesh
dhe ti dëgjon

unificarea contrariilor este calea
vorbirii tăcerii mele
când asculţi
şi când auzi

maiņa ir veids,
mans klusums runā,
kad jūs klausāties,
un atskan

zmienną ścieżką podąża
moje milczenie
gdy słuchasz
i słyszysz

a tagadás a megismerés útja
melyen hallgatásom szól
ha figyelsz csendemre
és meghallod azt

obrat je tou cestou
mé mlčení promluví
nasloucháš-li
a vyslyšíš

əksliklər insanı düzgün yola yönəldir
sən dinleyerken, həm də duyarkən
sükuta qərq olmuş qəlbim
canlanaraq dilə gəlir

обрат е начинът
по който мълчанието ми говори
когато слушаш
и чуваш

opak je cesta
ktorou moja mlčanlivosť prehovorí
keď budeš počúvať
a budeš počuť

بازگشت همان راه است
خاموشی من سخن میزند
وقتی که گوش میکنی
و میشنوی

Index to languages by page number

Index to languages - alphabetical

Acknowledgments

I deeply appreciate the contributions of the following people to this manuscript. It could not have been done without their time, talents, and advice. Any errors and omissions are my responsibility.

Some pages in this manuscript remain blank intentionally. For the origins and development of this book, go to www.jonwelsh.org/books/reversal.

In our explorations of language and communication, we wanted to include translations from chimpanzee, dolphin, whale and elephant, but were unable to locate readers and translators before press time.

With gratitude,
Jon Welsh

Thank you to these contributors:

Adhikari Subash
Ahmed Elmi
Aleksander Gielnicki
Alfonso Hernandez
Amy Tsou
Anders Lundegard
Anna Sixkiller
Annemieke Blondeel
Anton Treuer
Anupsinh Brahmbhatt
Aonghas MacNeacail
Baba Mamadi Diane
Beñat Doxandabaratz
Bertha Chief
Betelhiem Assefa
Biruta M.
Björn Fritjofsson
Boubacar Diakite
Britton Watkins
Carolyn Iorwerth
Cem Bekis
Clint J. Bowers
Daniel Welsh
Darío G.
Denisa Herel

Dianne Aceto
Donald Spooner
Doria Kaplan
Dragana Vignjević
Ebe Rattazzi
Elisabeth Los
Elisabete Cristina Coelho
Emory Hackman
Evan Welsh
Farrokh Hessamian
Gábor Milánkovich
George O'Brien
Giia Weigel
Gilda Ordonez-Baric
Grace Holden
Gudni Gunnarsson
Gunilla Björklund
Helen MacAlister
Hugh Schwartzberg
Hugo Björklund
Hyuntae Chung
Ibrahim H.
Ibrahima Traore
Ivey Wallace
Jakup Partushi

Jan Krupicka
Janko Felicijan
Jedidiah Reuben Clemente
Jeff Eisenberg
Jess Gersky
Jim Duyer
Johan Wiesner
John Holland
Jowita Trzepiecinska-Allen
Jurg Siegenthaler
Kalle Brisland
Katherine Krebs
Ken Wade
Ketil Mario Budal
Khaled Al-Shehari
Khan Mohammad Stanikzai
Kristiina Wadzinski
Le Thi Hoai Thu
Leslie Ratner
Linda Griegg
Maggie Amarualik
Maka Tsulukidze
Marco Marcatili
Margarita Otaegi
Marigo Zannou
Mary Holden
Michael Steven Platt
Morten Maehre
Nadège M. Cherubin
Natalia Kudrya-Marchal
Nazim N. Naghiyev
Nick Lobach
Nini Ayach
Nino Didebashvili
Njeri M. Thuku
Nomusa Mabaso
Oyuntuya Dugersuren
Paul Frommer
Peter Jensen

Pradeep Neupane
Ramsyah Faizal
Raphaëlle Ayach
Reea-Silvia Podeanu
Renata Stasiulionyte
Rhydian Davies
Richard Allen
Sampath Narasimhan
Saša Jakovljević
Sepehrullah Mushakhas
Shakirah Zain
Shoshana Michael-Zucker
Siddhartha Parmar
Sikder Nazmul Haq
Simona Arnatsiaq-Sellick
Simona Trajkoska
Sithsophary Nhev
Slaven Mrkonić
Steve Santos
Sunchai Diekratok-Marlet
Taner Kurtulus
Tatevik Margaryan
Tatiana Perry
Tobias Aamund Vinther
Tom Driscoll
Ulla Trulses
Urs Gerhard
Wesley J. Welsh
William S. Annis
Yan Nascimbene
Yuko Inatsuki
Yuriko Romer
Yvette Neisser Moreno

First printing
January, 2012

You can have the poem printed on t-shirts, mugs and other items

وأ شـ ياء أخرىالأك واب ال قم صان و عـلى ال قـ ص يدة يـ مـكن طـ باعة

Se puede imprimir el poema sobre camisetas, tazas y otros artículos

Vous pouvez imprimer le poème sur des T-shirts, tasses et autres articles

http://www.zazzle.com/jonwelshstuff*